En Alabanza a las ABUELAS

Una Perenne Tesorería de Citas

RUNNING PRESS
PHILADELPHIA · LONDON

A Running Press Miniature Edition™

Impreso en China

Biblioteca del Congreso, Número de Publicación Catalogada
96-69242
ISBN 0-7624-0042-0

Este libro puede ser pedido por correo de la casa editora.
Favor de agregar $1.00 para franqueo por cada copia.
¡Pero trate su liberia primero!

Running Press Book Publishers
125 South Twenty-second Street
Philadelphia, Pennsylvania 19103-4399

INTRODUCCIÓN

Ella nos ofrece una sonrisa de deleite, una mejilla suave, un abrazo caluroso, una mirada orgullosa. Cada una puede expresar el incuestionable amor de una abuela, y aún su amor trasciende una acción.

Desde el momento en que una mujer llega a ser abuela, sabe que ha recibido una bendición. Aprecia la oportunidad de ver una nueva generación crecer, participando en las exploraciones y experiencias de su nieto con entusiasmo, ofreciendo ánimo firme o consuelo quieto a cada etapa.

Su sabiduría se revela tanto en la felicidad de tiempo tranquilo compartido como en historias de su pasado. Manifiesta su amor no sólo en abrazos y galletitas, sino también en su constante apoyo de nuestro éxitos de cada día.

Sólo cuando maduramos reconocemos el aspecto mayor de la comprensión de una abuela. Al igual que una abuela halla renuevo en el descubrimiento de su nieto en cada nuevo día, la sabiduría de una abuela puede abrir los ojos de ese niño a las posibilidades de ese día.

Recogidas aquí están las palabras de apreciación y sabiduría, fluyendo a través de las generaciones. Aquí reafirmamos nuestras ataduras con nuestras propias abuelas, reflejando en el pasado para inspirar nuestro futuro.

EN ALABANZA A LAS ABUELAS

Cuando un niño nace, también nacen abuelas.

Judith Levy
Escritora y Editora Americana
del Siglo XX

. . . la fuerza de mi conciencia vino de mi abuela, quien habló en serio. Quizás nada es más valioso para un niño que el vivir con un adulto quien es firme y amoroso— y abuela fue amorosa.

Margaret Mead (1901–1978)
Antropóloga Americana

Agarré su mano como la de un amigo común, consolador y sentí inmediatamente su fuerza austera y prohibitiva, que no disminuyó en todos estos años.

Louise Erdrich (n. 1954)
Escritora Americana

Los niños por lo regular, son lo que se quiere que sean.

Terencio (¿190?–159 a. de J. C.)
Escritor Latino

Al paso de los años lo eminente se rinde: Que a lo fácil del tiempo no hay conquista difícil.

Pedro Calderón de la Barca
(1600–1681)
Poeta y Dramaturgo Español

¡Soy rica en años, una millonaria! He sido parte de mi propia generación, entonces ví la generación de mis niños crecer, después mis nietos y ahora mis biznietos

Dolores García
Abuela Chicana del Siglo XX

Los ancianos son la joya preciosa en el centro de la casa.

Proverbio Chino

Nadie . . . quien no ha conocido ese privilegio inestimable puede darse cuenta de que buena fortuna es crecer en un hogar donde hay abuelos.

Suzanne LaFollette (1893–1983)
Escritora y Política Americana

Fui a mi nieto y lo tomé en mis brazos. Miré a sus penetrantemente ojos azules. Me devolvió la mirada con confianza total.

Charlotte S. Goodhue
Maestra Americana del Siglo XX

Las abuelas siempre son lentas, pero ellas no le dan mente porque tienen todo el tiempo del mundo.

Malcolm Andrew
Joven Americana del Siglo XX

Una chimenea humea; un perro ladra; un abuelo cuida al bebe.

Edwina Sherudi
Escritora Americana del Siglo XX

Abuela siempre te hacía sentir somo si ella había estado aguardando todo el día sólo para verte y ahora el día estaba completo.

Marcy DeMaree
Escritora Americana del Siglo XX

Si Dios hubiera tenido la intención de que siguiéramos recetas, no nos habría dado abuelas.

Linda Henley (n. 1951)
Escritora Americana

El apareo de joven y viejo crea una franqueza que no siempre hallamos en relaciones entre adultos.

Suzanne Larronde
Escritora Americana del Siglo XX

Teníamos un entendimiento, mi abuela y yo. Ella no me trataba como una niña y yo no le trataba como una madre. Jugabamos de acuerdo a las reglas. Si no cerraba de golpe sus puertas y no refunfuñaba, entonces no me golpeaba ni regañaba.

Erma Bombeck (1927–1996)
Escritora Americana

¿Peculiar, no? . . . Primero riñes a tus niños y entonces de repente, ellos están tan inteligentes, que te riñen a ti.

Ann Tyler (n. 1941)
Escritora Americana

Nuestros nietos nos aceptan por nosotros mismos, sin reproche o esfuerzo por cambiarnos, como nadie en nuestra vida entera ha hecho, ni nuestros padres, hermanos, esposos, amigos—y apenas nuestros hijos adultos.

Ruth Goode (n. 1905)
Escritora Americana

Si su bebé es "bello y perfecto, nunca llora o se alborota, duerme de acuerdo a su horario, eructa en demanda y es un ángel todo el tiempo". . . tú eres una abuela.

Teresa Bloomingdale (n. 1930)
Escritora Americana

La mayoría de los abuelos, como la mayoría de los padres, aman a sus nietos incondicionalmente, sin importar sus realizaciones.

Elin McCoy
Escritora Americana del Siglo XX

Los nietos son más tolerantes con usted que sus padres. Quizá es porque tienen que soportar sus debilidades por un plazo de tiempo más corto.

Celestine Sibley (n. 1917)
Escritora Americana

¿Porqué se llevan tan bien abuelos y nietos? ¡Porque tienen el mismo enemigo—la Madre!

Claudette Colbert (n. 1905)
Actriz Americana

En muchas sociedades primitivas abuelos y nietos se alinean juntos. Un niño quien tiene que tratar a su padre con extremo respeto puede bromear con su abuelo y traviesamente llamar a su abuela "esposa."

Margaret Mead (1901–1978)
Antropóloga Americana

Los nietos nos proveen con algunos de nuestros momentos más orgullosos, algunas de nuestras experiencias más tiernas y, sin duda, algunos de nuestros momentos más cómicos

Catharine Brandt (n. 1905)
Escritora Americana

Tener nietos es lo mejor de todos los mundos posibles. No tengo ninguna responsabilidad por ellos—solamente hago todo lo divertido.

Mary Beth (n. 1923)
Abuela Americana

Es tan importante dar a tus hijos y tus nietos inspiración . . . Enséñalos a observar, a poner atención, a apreciar y a ser inquisitivos. A no sólo mirar, sino, tratar de ver.

Irina Baronova-Tennant (n. 1916)
Bailarina Rusa

En el esfuerzo de dar buenas y confortantes respuestas a las preguntas de los jóvenes a quienes amamos, muy a menudo llegamos a buenas y confortantes respuestas para nosotros mismos.

Ruth Goode (n. 1905)
Escritora Americana

Una abuela corrige tu gramática y limpia tierra imaginaria de tus mejillas.

Sara Spurrier (edad 12)
Jovenzuela Inglesa

Las abuelas no tienen que hacer nada excepto está allí . . . Basta si nos llevan al mercado donde está el caballo mecánico y tiene muchos diezmos listos. O si nos llevan de paseo y aminoran el paso cuando pasan frente a cosas como lindas hojas u orugas. Ellas nunca deben "acelerar el paso."

Patsy Gray (edad 9)
Jovenzuela Americana

Recuerdo a mi abuela envolviendo quince centavos en la esquina de un sobre, amarrándolo con cinta pegante y tirándolo desde el tercer piso para que yo pudiera comprar helados coloreados en tazas de papel del hombre en el camión blanco.

Dorothy Greenbaum
Pediatra Americana del Siglo XX

Mamá todavía me envía dinero. De su seguro social ella envía dinero a sus niños, nietos y biznietos. Se lo devolveremos en el día de las madres, en su cumpleaños y en Navidad.

¿Tenemos a una familia que funciana? ¡Yo espero!

Kim Williams (n. 1924)
Escritora Americana

Es tan bueno tener a una abuela a quien puedo refunfuñar.

Niño anónimo

Abuela era el corazón de esta familia. Su amor y apoyo eran total e incondicional.

Marcy DeMaree
Escritora Americana del Siglo XX

Una abuela es una madre quien tiene una segunda oportunidad.

Caroline Flitcroft (edad 11)
Jovenzuela Inglesa

De hecho, es tan fácil hacer a alguien sentirse seguro y bueno, como es destruir a esa persona.

Eleanore Phillips Colt (n. 1910)
Editora Americana

Podemos recrear nuestra historia, revisarla, pero no importa cuales sean nuestras opciones, siempre reaccionamos a ella. Nosotros volvemos a ser madres a través de nuestras hijas, en maneras buenas y malas.

Jane Adams (n. 1940)
Escritora Americana

Soy un espectadora del baile de mi hija, que yo . . . hize posible porque ella vino a través de mí . . . No soy parte de su baile. Pero cuando ella pausa y necesita de alguien con quien hablar, yo estoy allí. Pero ese baile especial con la niña y el futuro es suyo.

Liv Ullmann (n. 1939)
Actriz y Escritora Noruega

Nada es más importante para la felicidad humana que ser parte de una familia displicente, misericordiosa, calurosa y herméticamente unida.

Marjorie Holmes (n. 1910)
Escritora Americana

A nuestros nietos lo que les decimos acerca de la infancia de sus padres y nuestros años de juventud es una historia viviente.

Ruth Goode (n. 1905)
Escritora Americana

¿Buscan las jóvenes la verdad absoluta? Llévenme con ustedes también. Después de todo, puedo haber cruzado este camino antes, y cuando se sientan como arena movediza, puedo sentirme como hormigón, el camino endurecido por valores que aprendí cuando antes pasé.

Pearl Bailey (1918–1990)
Actriz y Escritora Americana

Debemos actuar como superiores de la tribu, buscando los mejores intereses del futuro y preservando el pacto precioso entre las generaciones.

Maggie Kuhn (1905–1995)
Activista Cívica Americana

Es importante que los mayores estén dispuestos a dar sabiduría y no traten de dirigir todo. Las personas jóvenes se ven a sí mismos viviendo en este mundo y es su vida la que han de vivir.

Maya Angelou (n. 1928)
Escritora Americana

Juzgando por la prensa del mundo, cualquiera diría que soy la única abuela en el mundo.

Marlene Dietrich (1901–1992)
Actriz Americana

A mí me encanta esta parte de mi vida tanto como el principio. Éstos son años de "sí," cuando hay tanto que podemos hacer, ver a nuestros amigos, escribir cartas, leer cartas viejas.

Jean Christie Lien
Maestra Turca-Americana
del Siglo XX

Si no hubiera comenzado a pintar, hubiese criado pollos

Grandma Moses [Anna Mary Robertson] (1860–1961)
Artista Americana

El tiempo es nuestro amigo, nuestro gran bienhechor. Es el bastón de un filósofo; es la magia que levanta la carga aplastante de nuestros hombros y aplana los lugares ásperos en la vida.

Dorothy Dix (1861–1951)
Periodista Americana

Esa fue una de las cosas buenas de ponerse viejo: no estaba perpetuamente de prisa. . . Había tiempo para detener me y mirar, y mirando, recordar.

Rosamunde Pilcher
Escritora Americana del Siglo XX

. . . el secreto de todo aprendizaje es paciencia

Iris Murdoch (n. 1919)
Escritora Irlandesa

El punto es este, madurez es la cura para nuestras fallas fatales.

Sonya Friedman (n. 1936)
Escritora y Psicoterapeuta Americana

Las cosas son nuevas hasta en la edad cuando se supone que lo hemos visto todo.

Louise Erdrich (n. 1954)
Escritora Americana

Quizá tenemos que estar muy viejos para aprender a divertirnos en lugar de asombrarnos.

Pearl S. Buck (1892–1973)
Escritora Americana

Nada puede ayudarnos a enfrentar un futuro desconocido con más valor y optimismo que recordar los momentos de gloria, y cada quien tiene algunos.

Eda LeShan (n. 1923)
Escritora Americana

Si pretende que la vejez no va a pasar le a usted, le caerá encima.

Julia Child (n. 1912)
Chef Americana

Es triste envejecer, pero es bueno madurar.

Brigitte Bardot (n. 1934)
Actriz Francesa

Las abuelas . . . pueden despojarse del yugo de responsabilidad, relajarse y disfrutar de sus nietos en una manera que no era posible cuando criaban a sus propios hijos. Y pueden brillar en la realización que aquí esta su semilla de vida que segará para generaciones venideras.

Erma Bombeck (1927–1996)
Escritora Americana

Hay simpatía, y mucha, entre viejos y niños, las pasiones que agitan la vida del hombre, en los unos ya no existe y en otros dejaron de existir. . . .

Francois Rene Chateaubriand
(1768–1848)
Escritor Románico-Francés

La Presidencia es temporánea pero la familia es permanente.

Yvonne DeGaulle
Primera Dama de Francia
en el Siglo XX

La luz ajena nunca te hará claro, si no tienes la tuya propia.

Fernan de Rojas (¿1465?–1541)
Escritor Español

Una familia es un río; algo de él ha pasado y queda más por venir, y nada es inmóvil, porque todos nosotros continuamos, día a día, hacia nuestro destino.

Dolores García
Abuela Chicana del Siglo XX

Pronto seré una dama vieja, de blanca cabellera, en cuyo faldón alguien pondrá un bebe, diciendo, "Sonrisa, Abuela!" Yo, quien tan recientemente me fotografié en el faldón de mi abuela.

Liv Ullmann (n. 1939)
Actriz y Escritora Noruega

No quiero luchar contra la vejez, pero no trato de invitarla a vivir conmigo tampoco. Yo quiero una buena relación simbiótica con ella, donde estamos totalmente desprevenidas una de la otra.

Betty White (n. 1924)
Actriz Americana

Espero con placer envejecer, ser sabia y audaz.

Glenda Jackson (n. 1937)
Actríz Inglesa

¡Pues! algunos hablan de moralidad y algunos de religión, pero deme una propiedad pequeña y cómoda.

Maria Edgeworth (1767–1849)
Escritora Inglesa

Se debe instruir a los niños, con dulzura, manifestando a sus ojos sincera amistad y merecer su afecto, en vez de forzarlo.

Orfeo
Poeta y Cantor

El propósito de vivir es envejecer lo suficiente para tener algo que decir.

M. F. K. Fisher (1908–1992)
Escritor Americano

Tiempo y problemas domarán a una joven avanzada, pero una mujer avanzada y vieja no puede ser controlada por ninguna fuerza de la naturaleza.

Dorothy Sayers (1893–1957)
Escritora Inglesa

Envejecer te libra de toda clase de previas restricciones y culpas.

Betty Friedan (n. 1921)
Activista y Política Americana

Belleza es aceptar lo qué eres, quien eres y cuan viejo eres. Fealdad es cuando tratas de ser algo que no eres.

Sophia Loren (n. 1934)
Actriz Italiana

Aquellos de nosotros quienes estamos viejos podemos vivir peligrosamente. Tenemos menos que perder.

Maggie Kuhn (1905–1995)
Activista Civil Americana

Para disfrutar de la libertad, si el tópico es perdonable, tenemos por supuesto que controlarnos. No debemos malgastar nuestros poderes, con invalidez e ignorancia, mojando mitad de la casa para regar un solo rosal; debemos amaestrarlos, exactamente y darle poder en ese mismo lugar.

Virginia Woolf (1882–1941)
Escritora Inglesa

Moriré joven, sin importar la edad en que la experiencia ocurra.

Ruth Bernhard (n. 1905)
Fotógrafa Alemana

Un interés apasionado en lo qué haces es el secreto de disfrutar de la vida, quizás es el secreto de larga vida, ya sea ayudando a ancianos o niños, o fabricando queso o criando lombrices.

Julia Child (n. 1912)
Chef Americana

Vida es una cosa grande, tiene tamaño y no debes aplicar tu pasión a cosas insignificantes. Vida es una lucha por el corazón y el espíritu humano, una lucha entre lo bueno y lo malo por lo bueno y lo malo.

Peggy Noonan (n. 1950)
Escritora Americana

La vida es para ser vivida a su plenitud, para que la muerte sea sólo otro capítulo. Memorias de nuestras vidas, nuestros trabajos y nuestros hechos continuarán en otros.

Rosa Parks (n. 1913)
Pionera de los Derechos Civiles Afro-Americanos

Cargando estos bebés en mis brazos me doy cuenta del milagro mi marido y yo empezamos.

Betty Ford (n. 1918)
Primera Dama Americana

Los nietos son los puntos que conectan las líneas de generación a generación.

Lois Wyse (n. 1926)
Escritora Americana

No nos volvemos más viejos con los años, pero más nuevos con cada día.

Emily Dickinson (1830-1886)
Poeta Americana

Este libro ha sido encuadernado usando métodos de mano de obra y cocido con el método Smyth para asegurar durabilidad.

Le cubierta a fue diseñada por Toby Schmidt.

El interior fue disénada por Nancy Loggins

Las ilustraciones interiores son por Mary Woodin.

Traducido por Davelba Sánchez Duska.

El texto fue revisado por Melissa Stein y Tara Ann McFadden.

El texto era fijó en ITC Galliard, con Goudy Oldstyle.